Elise Gra\

LA LIMACE

la courte échelle

Pour Henri,
mais seulement quand il a le rhume.

Les éditions de la courte échelle inc.
160, rue Saint-Viateur Est, bureau 404
Montréal (Québec) H2T 1A8
www.courteechelle.com

Dépôt légal, 3ᵉ trimestre 2013

Bibliothèque nationale du Québec

Copyright © 2013 Les éditions de la courte échelle inc.

La courte échelle reconnaît l'aide financière du gouvernement du Canada par l'entremise
du Fonds du livre du Canada pour ses activités d'édition. La courte échelle est aussi
inscrite au programme de subvention globale du Conseil des arts du Canada et reçoit
l'appui du gouvernement du Québec par l'intermédiaire de la SODEC.

La courte échelle bénéficie également du Programme de crédit d'impôt pour l'édition
de livres — Gestion SODEC — du gouvernement du Québec.

Catalogage avant publication de Bibliothèque et Archives nationales du Québec
et Bibliothèque et Archives Canada

Gravel, Élise
La limace
(Les petits dégoûtants, t. 3)
Pour enfants de 4 ans et plus.

ISBN   978-2-89695-231-1

1. Limaces – Ouvrages pour la jeunesse.   I. Titre.
QL430.4.G72 2013   j594'.3   C2013-940738-3

Imprimé en Chine

Elise Gravel

LA LIMACE

la courte échelle

Mesdames et messieurs,
laissez-moi vous présenter

LA LIMACE.

La limace est un mollusque, comme l'escargot, sauf qu'elle n'a pas de

COQUILLE.

Haha! Tu es toute nue!

Il existe

PLUSiEURS SORTES

de limaces.

Les limaces marines

À bâbord,
moussaillon!

Les limaces
d'eau douce

Ô sole
mioooo!

Les limaces terrestres

ZZZZ...

Les limaces terrestres sont celles
dont nous allons parler dans ce livre.

La limace a deux paires de

TENTACULES

sur la tête. Ceux du haut ont des yeux au bout, et les deux autres servent à capter les odeurs et les goûts.

Je te vois! Tu es un enfant et tu sens le brocoli!

Ces tentacules sont

RÉTRACTABLES,

ce qui veut dire que la limace peut
les rentrer à l'intérieur de sa tête
si elle perçoit du

DANGER.

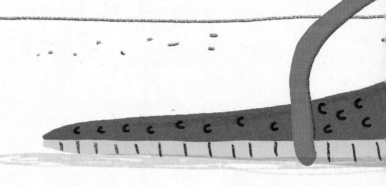

Oui... mais ce n'est pas
pratique lorsqu'on porte
des lunettes.

La limace RESPiRE

par un trou situé du côté droit
de son corps.

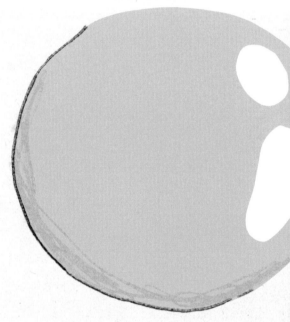

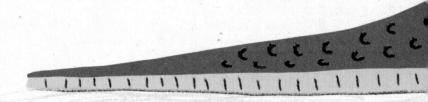

Ça épate tout
le monde quand
je fais ça.

La limace avance en

RAMPANT

sur son ventre, qu'on appelle son

PiED.

Son corps entier est recouvert de

MUCUS,

un liquide épais et visqueux. Pour ne pas se dessécher, la limace doit rester dans des endroits humides, par exemple sous les pierres ou les pots de fleurs.

Le mucus produit par la limace est très important. Il l'aide à se déplacer en

GLiSSANT,

et il sert aussi de colle pour qu'elle puisse grimper sur des surfaces verticales.

Quelle ÉNORME limace !

Quand elle perçoit un danger,
la limace produit encore plus
de mucus, ce qui la rend

GLISSANTE

et peut lui permettre
d'échapper à ses

PRÉDATEURS.

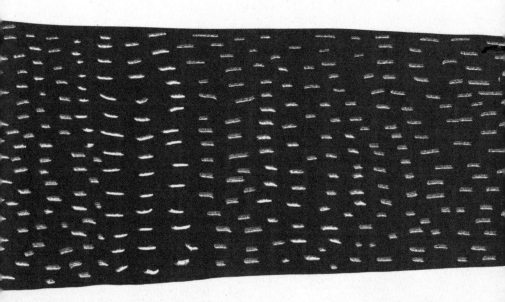

Pour trouver une

PARTENAIRE

et faire des bébés, la limace peut suivre les traces de mucus d'une autre limace.

Comme le ver de terre, la limace
possède les organes reproducteurs
mâle et femelle (donc elle est à la fois
un garçon et une fille).

La limace pond ses œufs dans un trou dans le sol, ou sous un abri comme une pierre ou un morceau de bois. Les **BÉBÉS LIMACES,** minuscules et transparents, naîtront quelques semaines plus tard.

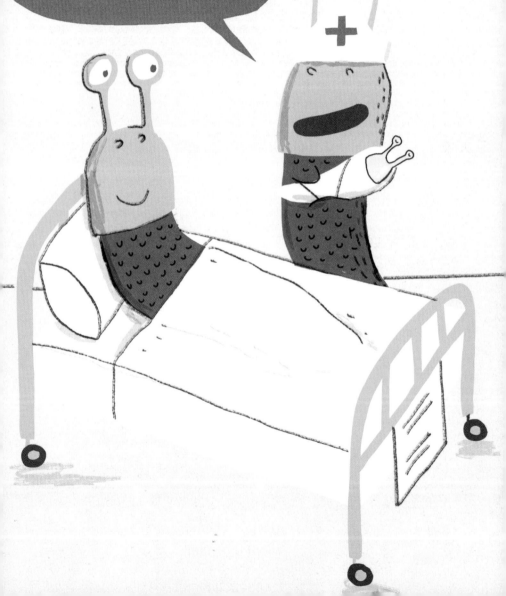

Les limaces se nourrissent de plantes et de champignons. Les jardiniers et les agriculteurs ne les aiment pas beaucoup parce qu'elles dévorent leurs

LAITUES.

Pourtant, les limaces jouent un rôle

IMPORTANT

dans la nature, en aidant à transformer ses déchets en bonne terre.

Abracadabra,
déchet,
transforme-toi!

Alors la prochaine fois que
tu rencontreras une limace,
sois gentil, partage ta

SALADE

avec elle.

Mmmm! Délichieux!
Tu n'aurais pas
un chewing-gum
pour dessert?